N'Guessan Raymond Kouamé

L'histoire de mon village

N'Guessan Raymond Kouamé

L'histoire de mon village

Les plantes médicinales apporter par les esprits

Éditions Muse

Imprint

Cover image: www.ingimage.com

Publisher:
Éditions Muse
is a trademark of
Dodo Books Indian Ocean Ltd., member of the OmniScriptum S.R.L Publishing group
str. A.Russo 15, of. 61, Chisinau-2068, Republic of Moldova Europe
Printed at: see last page
ISBN: 978-620-3-86668-1

L'histoire de mon village

Une histoire vrai et réelle des esprits appeler nanan ou génie en générale.

Quel est la relation entre les êtres humains et les esprits appeler nanan en générale appeler génie.

Nanan génie fait partie des êtres invisibles, alors qu'en réalité nanan est un être humain en relation avec le génie invisible.

Cette histoire vraie a été raconté par mon arrière-grand-père appelé nanan glokoutou fondateur de notre village koutoukro aujourd'hui appeler latani, je vous dirais pourquoi ce changement de nom.

Je viens vous écrire une histoire vraie car il a reçu l'histoire de nanan koutou assamoi fils ainé de nanan glokoutou et il a reçu aussi de nanan assamoi yao fils ainé de nanan koutou assamoi. il a reçu de nanan Kouassi godo neveu héritier directe de nanan assamoi yao. ils a reçu de nanan Kouassi godo neveu héritier de nanan assamoi yao.

Il a reçu de nanan Kouakou Abo neveu héritier de nanan Kouassi godo et enfin je l'ai reçu moi kouame n'guessan dit (nanan godo3) neveu héritier et chef de la grande famille Godo de mon oncle Kouakou Abo neveu de nanan Kouassi godo.

Avant d'entrée dans l'histoire de nanan le génie invisible.je vous dit maintenant le pourquoi changement de nom du village.

Nanan glokoutou fut un chasseur venu au côté de manhounou un village de garde du royaume walêbo dirigé par la reine Pokou venu du Ghana pour s'installer au centre de la côte d'ivoire suite à un litige dans le royaume achanti du Ghana.

Alors nanan Glokoutou chasseur de son état et serviteur de la reine Pokou faisant la chasse dans la grande forêt, retournais après la chasse dans le village appeler manhounou.

Ensuite apportait le gain de chasse au royaume walêbo ou réside la reine Pokou, Nanan retournait chaque fin de semaine dans la forêt faire sa chasse, il arrivait quelque fois que nanan glokoutou passait des nuits ou des semaines sans retourné au village appeler manhounou qui signifie en langue Baoulé que (j'ai tout vu).

Qui signifie beaucoup de chose dans le parcours de reine Abla Pokou du royaume achanti du Ghana jusqu'au centre de Côte d'ivoire ou la reine est restée avec son groupe appelé akan et quand nanan Glokoutou retournais à manhounou en fin de semaine qu'on demandait à nanan Glokoutou mais quand tu restes dans la forêt pendant des jours et nuits que fais-tu tout ce temps et tu dors sur quoi ?

Nanan glokoutou leur répondit : mais vu la distance que je parcours chaque fois avec le gain de chasse épuisé donc J'ai décidé de faire un abri sous lequel je sèche la viande sous une protection contre les Fourmies qui tentent de détruire mon gain de chasse.

Aussi je dors sur mon pagne, qui veux dire en langue Baoulé « n'latannissou » et les frères du village de Manhounou ont répondu à nanan Glokoutou haaa ! ton village pourra s'appeler n'latanissou.

Alors les premiers colons qui visitaient le village interprètent autrement l'histoire en déforment le nom (Latini) au lieu de N'latanissou, de même dans plusieurs villages africains. Lorsque l'histoire parle du nom d'un village, alors il s'agit d'un événement marquant du village ou très souvent il porte simplement le nom du fondateur. Par exemple ***Koutoukro*** une histoire vraie.

Nanan Glokoutou seul dans la grande forêt faisant la chasse, tout fatiguer, coucher sous son hangar bâtit en bois et sur son pagne(couverture) tardivement lui apparait un vieillard au fond de cette grande forêt et demandât à nanan Glokoutou de lui donner une partir du gain de sa chasse en échange des ignames et légumes et qu'il venait de la part de la reine. Nanan Glokoutou s'interrogeât à savoir qui l'aurait indiqué le chemin de la chasse jusqu'à lui.

Le vieillard lui répondit : c'est la reine des reines ceux qui parut bizarre a nanan. Ainsi, il se posa la question mais la reine ne connait pas où je fais la chasse pour lui apporter mon gain de chasse. Mais vieillard vous parlez de quelle reine donc, lui répondit mais note reine à nous, à nous tous reine de la grande forêt Nanan Glokoutou accepte sans hésiter à sa demande. Mais dites-moi quelle est la préférence de la reine donc ! le vieillard lui répondit nous le savons tous : un lion, un buffle, une panthère.

Et nanan Glokoutou lui posa la question mais et la pintade de brousse, la perdrix ? Le vieillard lui répondit oh ! non elle n'a besoin de celles-ci. Alors que de préférence la reine Pokou préfère la perdrix que les autres animaux ceci parait être bizarre dit nanan Glokoutou. Mais il accepta la demande du vieillard et cède son gain de chasse à la demande du vieillard disant être envoyer de la reine. Nanan demande au vieillard de prendre le gain de chasse et ajouter aux ignames et légumes sans échange mais le vieillard sourie en disant oh merci brave chasseur la reine te dira merci à son tour.

Etonné nanan Glokoutou le chasseur, et souri à son tour et demande de transmettre ces remerciements à la reine.

Ainsi, le vieillard pris la route avec le gain de chasse nanan Glokoutou interpelle le vieillard et lui demande vieillard comment appelle ton notre reine ?

Oh brave chasseur notre reine à tous s'appelle sa majesté nanan "Adjo n'go" la reine des reines de la grande forêt, là il ne s'agissait plus de la vraie reine connus des hommes et le vieillard repris sa route. Nanan glokoutou tout étonné plie le reste du gain de chasse et retourne à Manhounou son village pour rejoindre ses frères et ne dire rien à personne. A la nuit tombée, un grand vent souffla et emporta la toiture de Nanan Glokoutou et se refuge chez un autre frère. Le lendemain Nanan Glokoutou pris la route de la grande forêt pour sa chasse. La nuit tombée, Nanan Glokoutou reprit la chasse jusqu'au petit matin mais il n'obtient rien comme gain de chasse et il s'étonne de cette tragédie et se reposa sur son pagne dans un sommeil profond, une voix étrangère l'interpelle : « chasseur ! chasseur ! » Nanan sorti de son sommeil profond voit un talisman envahi de plume de poulet, une queue de lion, d'un buffle, une panthère, une peau de biche rouge et neuf cordes. Soudain, le vieillard se retrouve accompagné d'une vielle femme et un vieil homme qui l'interpelle : ho ! chasseur ! chasseur ! la reine des reines nous envoie te remercier pour ta plus grande gentillesse et voici ce qu'elle envoie pour toi en retour : le plus fort des forts talismans de chasse et de protection et te demande de faire de l'endroit où tu es couché ton village sous la protection qui portera le nom "koutoukro". Aussi bien dire, la reine des reines de la grande forêt vous, vous, toute en bégayant la vielle femme et le vieillard disparaissent aux yeux de Nanan Glokoutou et d'une voix lointaine, entend dire : chasseur ! chasseur ! a-t-elle dite la reine des reines qu'elle signera un pacte d'amitié avec ton petit fils. Nanan Glokoutou se posa la question à savoir quel petit fils s'agissait-il ? Quelques jours plus tard Nanan se retourna à manhounou son village avec le triple du gain de sa chasse habituelle ce qui étonna tout le village. A la tombé de la nuit, il se rendît chez le chef de famille et lui demanda de transmettre ce message à la reine Ablah Pokou qu'il décide de fonder son propre village dans la grande forêt et la reine reçoit ce message avec satisfaction dire merci à Nanan Glokoutou pour sa disponibilité au près du royaume et que son village soit bénit.

Alors c'est ainsi que nanan glokoutou retourna dans la grande forêt fondé son village qui est appelé en 1er koutoukro qui veut dire village de koutou et le nom connu par la colonie française « latani » qui signifie, coucher sur mon pagne. Quelque année plus tard une épidémie de varicelle faisait des mort d'enfant de bébé et des grandes personnes. Ne sachant quoi faire nanan glokoutou faisait des sacrifices au côté des talismans retrouver au cheveux de sa natte lors de sa chasse pour sa protection mais rien et la maladie continuait de semer la tragédie de mort dans le village.

Au petit matin, assamoi yao fils ainée de koutou assamoi se rendait chez son père koutou assamoi et lui signale l'absence de son petit-fils de moins de 15ans dans le village.

Alors le village informer prise de peur nanan glokoutou ordonne les habitants du village à une recherche dans la grande forêt après 6 jours de recherche dans la grand forêt aucune trace de l'enfant est signaler, le 7eme jours au petit matin le petit-fils de nanan glokoutou réapparaît couvert de kaolin et de plusieurs talismans de la tête, du bras et au pied.

Réapparaît et crias nanan koutou ; nanan koutou ; nanan koutou. Ton peuple est guéri et sauver prenez cette feuille que je tien dans ma main, et prèssé la vite dans une calebasse que tout le monde doit faire cette pratique ils ont eu la vie sauve Jusqu'au coucher du soleil.

Un bain est fait le temps que le corps se saiche la varicelle disparait.

Nanan glokoutou pose la question a son fils ou était-il passé pendant ces 7 longues journée et nuit de ta disparition.

L’enfant répondit à nanan « moi disparut, Hô non » c’est le vieillard qui est venu vous voir et vous dire la reine des reines de la grande forêt aurait besoin de moi pour une amitié.

Toute étonnée, nanan glokoutou se rappelle de la voir lointaine du vieillard lui disait chasseur chasseurs à t’elle dit la reine des reines de la grande forêt quel signera un pacte d’amitié avec ton fils.

Alors l’enfant réponds au peuple je suis l’amis des invisibles.

Je suis l’envoyer de la reine des reines pour vous guérir de tous vos maladies.

Mon nom kômien est aujourd’hui parmi vous les hommes, les femmes et les enfants « le kômien » je suis parmi vous pour vous aider et vous amuser à travers des pas de danse pour vous faire oublier ce que vous traversés comme moment difficiles.

Je suis l’ami de ceux que vous ne voyez pas, Savez-vous que ces feuilles que vous voyez peuvent vous guéris ?

Oui nous allons montrer à plusieurs personnes dans le monde pour aider les autres.

Nous voyons cette fleur, d'une fleur simple pourtant c'est une fleur d'attirance à avoir absolument chez soi qui s'ouvre à tous vos chances.

Nous voyons cette fleur, d'une fleur simple pourtant c'est une fleur de protection à avoir absolument chez soi pour sa propre protection contre les esprits nuisibles.

Nous voyons cette fleur, d'une fleur simple pourtant c'est une fleur qui guérie plusieurs maladies (l'hémorroïde et plusieurs maladies internes...) à avoir absolument chez soi.

Nous voyons Cette fleur, d'une fleur simple pourtant c'est une fleur de guérison. Qui guérie le diabète et bien d'autre maladies......... c'est une fleur à garder chez soi.

Nous voyons cette fleur, d'une fleur simple pourtant c'est une fleur qui guérie des maladies intestinales (la constipation, et aussi l'angine) et bien d'autre maladie. C'est une fleur à garder chez soi.

Nous voyons cette fleur, d'une fleur simple pourtant c'est une fleur qui apporte la joie et l'espoir dans un couple. C'est une fleur très très rares et précieuse. C'est une fleur à garder absolument chez soi pour le bonheur d'un couple.

À retrouver cet arbuste pour vos désenvoutements, cet arbuste est très puissant. À utiliser de manier préférable pour vos désenvoutements (boire ou se laver avec).

ce si est très bon pour le traitement des malidies resistibles comme le MST et bien d'autre maladies.

Nous voyons ce si, comme une simple herbe pourtant c'est une herbe qui guérie plusieurs maladies (la fièvre typhoïde et bien d'autre maladies) à base de ces grains.

Nous voyons cette fleur, d'une fleur à la forme d'un micro pourtant c'est une fleur qui vous permet d'être au plus haut niveau et réussir dans vos activités.

A avoir absolument chez soi.

Nous voyons cette fleur, comme une fleur simple pourtant elle apporte la fortune chez soi, Elle joue son rôle à travers des captures ondes planétaires.

C'est une fleur à avoir chez soi.

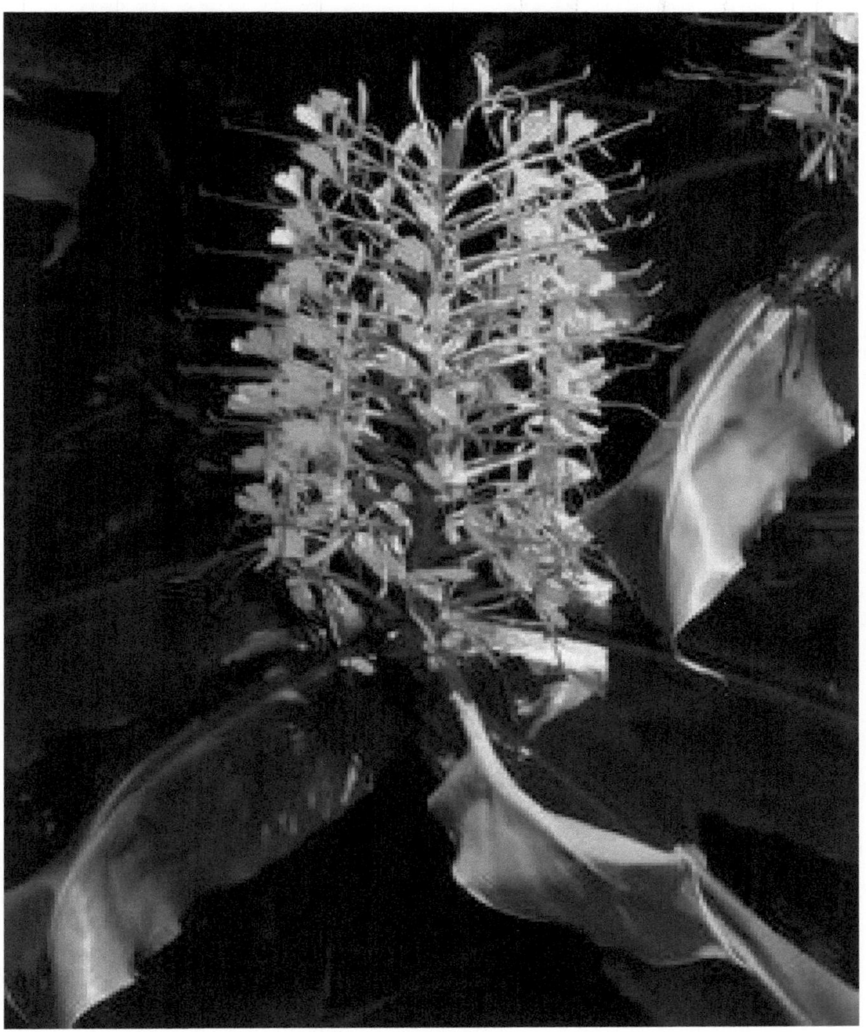

Nous voyons se arbre, comme un arbre simple pourtant c'est un arbre qui soigne plusieurs maladies (menstrue prolongé d'une femme de plusieurs mois) il joue son rôle à travers ces écosses et ces feuilles.

Nous voyons cette herbe, comme une herbe simple pourtant elle guérie plusieurs maladies (la prostate et purifie le sang) et bien d'autre maladie, C'est une herbe à avoir absolument chez soi.

Nous voyons ces feuilles, comme des feuilles simples pourtant ces feuilles guérisse plusieurs maladies (l'hypertension, et bien d'autre maladies) à avoir cette feuille absolument chez soi.

Nous voyons ces grains, comme des grains de café mais ce n'ai pas du café simple pourtant elle soigne plusieurs maladie (la faiblèsse sexuel et bien d'autre)

à avoir absolument ces grains chez soi.

URARIA PICTA

Heliotropium indicum

ethnopharnacologia

Uraria picta

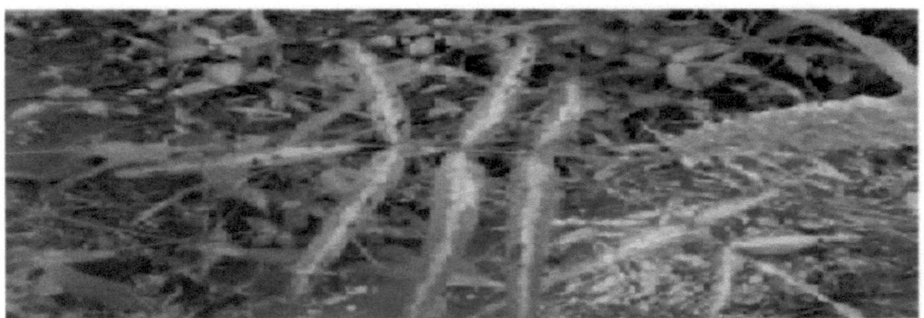

Fabaceae [Famille]

MEDECINE TRADITIONNELLE

Plante Afrique - Guiera seneg...

Guiera senegalensis

Réunion villageoise pour le développement de latani

La cérémonie de dance traditionnel de réjouissance de latani

L'arbre à palabre, l'arbre sous le quelle on règle les problèmes du village de Latani koutoukro

le masque appelé GOLI protecteur du peuple Baoulé

la dance du kômien partie 1

la sortie du kômien partie 2

le kômien en prestation de consultation partie 3

Prestation de consultation du kômien et appelle aux esprits appelé Nanan pour la guérison de son peuple

le kômien en prestation de dance partie 1

le kômien en prestation de dance partie 2

Dégoût de bière de mil

--prendre (boisson) une décoction des rameaux feuillus de (sclérocarya birrea) bain dans une portion de ladite décoction.

Insomnie

--bain dans une infusion de feuille de (lophira alata). Boire huit cuillerées à soupe de ladite infusion pour bien dormir.

Emotion

Bain dans une infusion des feuilles rouge de haricots indigènes (cassia alata)

Dégoût de colas

--mâcher et avaler le jus des fibres de (terminalia avicennioÏdes). Une semaine de régime.

Hoquet

--absorber une eau contenant dissoute une poudre fine sèche obtenue en pilant ensemble un tubercule de (asclepias lineolata) et une certaine longueur d'une tige de (luffa cylindrica).

Pour arrêter des vomissements

--boire une infusion des feuilles de (sarcocephalus esculentus)

Pour arrêter des vomissements avec sang

--quand une personne vomie du sang on lui fait prendre pour rendre où pour être énergiquement purgée une infusion de seize feuille de (ficus sp)

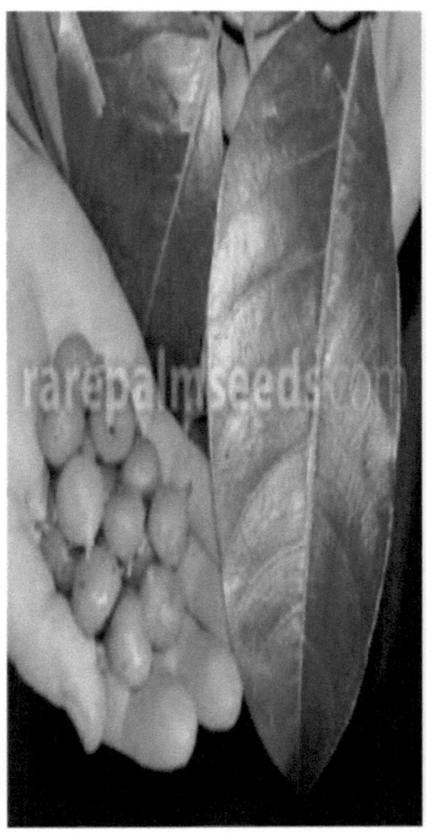

Epilepsie

--humecter le corps du patient d'un liquide (eau) ayants contenues des rhizomes frais de (cyperus) pilés. On peut fait préventivement usage de ce médicament.

Maux de ventre

--manger une viande cuite dans une décoction des racines de (entada africana). Boire le bouillon.ne pas faire usage d'aucun genre de graisse dans la cuisson.

Diarrhée accompagnée de coliques

--manger un tubercule de (nymphoea lotus) bouilli dans l'eau.

Anus

--enduire le bord extérieur de (graisse d'iguane) de terre

Mal de cœur

--prendre à jeun dans du lait caillé des feuilles pilées de (centaurea alexandrina où centaurea senegalensis)

Voici quelques plantes que le kômien appelé nanan nous à procurés pour la guérison de notre peuple pour en savoir plus sur ces feuilles.

Contacté nous pour obtenir vôtre guérison quelque soi vôtre état de santé nous somme disponible à tout moment, nôtre porte est ouverte à tout le monde quel que soit le pays.

Ce sont succédé au traune de la chefferie de latani :

Nanan Kouassi aka

Nanan alla kanmô

Nanan Kouassi godo

Nanan yaha brou

Nanan Kouadio kan

Nanan Kouakou aboh

TELEPHONE: +225 07 48 69 53 23 /+225 05 06 04 32 47

WHATSAPP: +225 07 48 69 53 23

E-MAIL: fenap. straci @gmail.com

Printed by Books on Demand GmbH, Norderstedt / Germany